EL LABE
DEL CORAZÓN

Andrés Calles Velasco

DEDICATORIA

A todos aquellos a los que el amor se les
escapó de las manos, a los que buscan y no
encuentran y, a todos los que creen en la
magia de la palabra, dedico este libro
compuesto por cien poemas, en un bello
canto de amor a la vida...

Andrés Calles Velasco

CONTENIDO

PRÓLOGO

Con cada latido, un sentimiento, un poema...

El autor Andrés Calles, no busca sólo materializar el instante, quiere lograr la trascendencia entre el recuerdo y la esperanza, fundidos en el ideal de la palabra. Poesía donde el poeta quiere amar lejos del dolor y de la angustia. La experiencia amorosa es la fuerza vivificante que reside en sus versos. El amor atrae al poeta desde la intensidad de la palabra como símbolo para alcanzar la paz y el silencio interior con la invocación de lo ausente y de un universo propio, donde sus propias vivencias, la visión de la realidad y sus estados emocionales, son luces y sombras, donde se vislumbran pedazos de memoria que logran eternizar el instante con el eco de la palabra. Es en esa lectura, en la que el poema se declina por versos sonoros, que hacen más liviano el paso del tiempo. En sus poemas habla de un testimonio legítimo, en un intento por demostrar que no todo está perdido, que aún hay esperanza. El amor resurge en poesía y es en ese sentido, que el autor vislumbra un camino hacia ese refugio donde siempre podemos volver a sentirnos vivos.

ACERCA
DEL AUTOR

Andrés, el autor de este libro, nació en Zamora (España), en el mes de septiembre de 1.964. Vivió hasta los cinco años en Madrid y luego se trasladó a Zamora, donde residió hasta los 20 años. Ante la falta de trabajo y el esfuerzo improductivo de sus estudios, preparó oposiciones al estado y con 20 años fue destinado a Barcelona, donde permaneció hasta el año 2008, que fue destinado a Tortosa (Tarragona). En el año 2017 se trasladó a Vinaroz (Castellón), donde actualmente reside y nada en mares de poesía, olas de rimas y cientos de sonrisas, inmerso en sus poemas que son el resultado de cicatrices de viejas heridas, entretejidas con el fino hilo de la esperanza.

Otras obras del autor disponibles en Amazon:

Desde un rincon de mi alma
Pluma de poeta
Latidos y Silencios
Flechazos al corazón
Letras rotas

1/

El tiempo
no se detiene
ni espera por nadie.

Así que
no te pares,
sigue adelante,
ahora eres
lo más viejo
que puedes ser,
y lo más joven
que serás jamás.

Vive,
y cada día
antes de dormir,
visualiza un mañana.

Que todo pasa
y todo llega,
para todo
hay tiempo,
hasta que
la parca nos lleva.

2/

En mis sueños
guardo verdades,
descubro silencios
y vivo duetos,
de los que
nunca sabré
si fueron ingenio,
o si en ellos
hubo algo cierto.

Y es que
todo mi empeño,
es que los imposibles
son para hacerlos
a contra viento.

Por tanto
no me arrepiento,
y esta noche
soñaré de nuevo.

Andrés Calles Velasco

3/

¡Motívate!

Si sonreír no mata,
abrazar no quema,
y besar no hiere...

¿Porqué no intentar
ser feliz si no duele?

La gente más bella,
no es la que se cuida
y lleva una dieta,
sino la que no permite
que nadie la ofenda.

¡No eres para todos!

Eres para quienes
a tu paso van,
y te hacen entender
porqué tú no eres
para el resto,
ni ellos son para tí...

4/

Es la ilusión
junto al ansia
de vencer,
un poema roto
entre lágrimas de fe.

Y es que,
cuando el deshielo
llega a los ojos
y el corazón
despeja la niebla...

La letra
retoma el vuelo
cual soplo
de aire fresco,
en otro intento
por latir de nuevo,
sentir en verso
y tocar el cielo...

5/

Podré en rima
adornar la estrofa,
podré bailar en el verso,
pero lo que jamás podré
es cesar en mi empeño,
por plasmar en poesía
todo lo que siento...

Pues,
soy un soñador
inquieto,
un poeta bohemio
que en su mundo
de sueños,
persigue deseos
y se aleja de odios
y de guerras de egos.

6/

Promesas de papel
y versos rotos,
en llantos vacíos
de amor y gozo...

Yo a tu lado,
y tú con tu encanto
despertando deseos
donde no falta agua,
ni hay hambre, ni gana.

Maldita la suerte
que me acompaña,
si cuando
te miro sonrío
y mi piel estremece,
aún sabiendo
que no debo quererte...

7/

Siempre a tu lado,
es poco tiempo
para ir caminando...

Vayamos corriendo,
vayamos saltando,
pero siempre, siempre,
juntos de la mano.

Así,
aún descalzos o arrugados,
no faltará una sonrisa
ni un beso de hermano.

¡A tu lado!

Porque no hay temor
en los labios
y el amor no es pecado.

8/

No es más fuerte
el que hiere,
sino aquél
que es herido
y sigue de pié.

Por ello
aunque duele,
sigue tu camino,
busca magia
en el infinito.

Y piensa que
no es la suerte,
sino tu energía,
la que da luz
a tus sueños,
ilusiones,
deseos y fantasías.

Así que,
carga tu cruz...

¡Y vive la vida!

Andrés Calles Velasco

9/

Llega hasta mí
esa mirada cautiva
de luz y fuego,
que infiere hilos
de amor y deseo.

Y aún con miedo,
si en tus pupilas
reflejado me veo...

¡Me acerco!

Porque tu belleza,
enciende el deseo
de arder con tu cuerpo
y quemarme en tu piel,
de entrar en tu vida
y quedarme después...

10/

Puedo disimular
mis defectos
ante el espejo,
pero no ocultar
un sentimiento.

Porque cuándo
las miradas queman,
el hielo de la distancia
que las separa,
se derrite...

Y el corazón
resurge en poesía,
enredándose
en caricias
y olas de risa.

Así es la vida...
¡Que tiranía!

11/

Vive el presente,
construye un futuro
y olvida el pasado...

Que la vida
te va a compensar,
por todas las veces
que te hicieron daño
y seguiste confiando...

Por todas las veces
que desilusionado
seguiste soñando...

Y por todas las noches,
en que abrazado
a la tristeza,
dormiste llorando.

12/

Qué triste,
cuando los hijos
afean defectos
a los padres,
sin pensar
en el esfuerzo
que estos hicieron,
por amor devoto
hacia ellos...

Porque un hijo
se ama y se llora,
se mima y espera.

Y lo único
que de él se desea,
es que sin reproche
te quiera...

13/

No nací
para ser poeta
y voy aprendiendo
a la fuerza,
porque sentir
he sentido
y sé lo que es
el cariño,
del cual
mi burda poesía
es testigo.

Aprendo,
vivo y siento
la ilusión del verso,
que ahuyenta penas,
miedos y lamentos
que llevo dentro,
y diluye en tinta
defectos que tengo.

14/

No todos
somos iguales,
porque mientras
unos creen en el amor,
otros se burlan de el...

Ignoran que,
despertar entre abrazos
escuchando un te quiero,
ya es un lindo poema
cuya rima es el beso...

Y que sentir...

Es liberar al corazón
de todo lo añejo,
con instantes de amor,
risas y sueños.

15/

Tómate un respiro
y haz una pausa...

Piensa sólo
en ese propósito
que tienes en mente,
y fluye hacia el.

¡Confía!
El tiempo es sabio
y no miente...

Si en tu corazón
hay pasión,
escribe lo que siente,
dibuja lo que sueña.

No dejes la pena latente...
¡Échala fuera

16/

Sin ellos
darse cuenta
los te quiero
se acabaron,
el silencio
enfrió el alma...

¡Se apagó la llama!

Ya no importa
si dicen
que se aman,
el cariño
no es presente
y la ilusión
quedó enterrada,
entre cenizas
de un amor
y recuerdos
de lo que fue,
y hoy no es nada...

¡Sólo palabras!

17/

Si amar es buscar
un alma sincera
y no un cuerpo bonito;
hallar todo
en la misma persona,
¿sería pecado,
o sería delito?

Porque la belleza
es un sueño
que no tiene edad,
si olvidamos la pena
y dominamos el ansia
que subyuga la gana,
a sabiendas de que
el que peca...

¡La paga!

18/

¡Me olvidé de sentir!

Y es una pena,
porque cuándo
se siente,
el tiempo se frena,
se detiene...

Por ello
pedí al amor,
no morir
hasta conocerle...

Y respondió:

Quién
me conoce
nunca muere,
vive en cada uno
de los suspiros,
de las almas
que se quieren,
se perdonan
y se tienen.

19/

En sus caricias
quedé prisionero,
atrapado en sus ojos,
entre besos tiernos.

Poco a poco
estremeció mi cuerpo,
se tornó piel y huesos.

Raudo,
plasmé la dulzura
de sus labios
y el mar azul
de sus ojos,
en un folio en blanco.

Pensamiento cautivo
que ha dado fruto,
a un poema a su encanto.

20/

A tí,
que ves todo gris
y quieres morir

Un problema
no es el fin,
has de vivir,
hallarte a tí,
el porqué y la raíz

Así sabrás
que no quieres morir,
sino ahogar algo
que ya murió en tí

No pierdas
la esperanza,
que la eternidad
son cien años,
y a veces
toda una vida
no alcanza...

21/

A mi hija:

Hoy eres niña
y me esperas
cuando no estoy,
me das cariño
y te pones triste
si yo me voy.

Mañana te irás,
mimos y cariño
faltarán.
Y en tu lugar
la tristeza quedará.

Pero igual te querré,
sin pausa, sin prisa,
a manos llenas;
con tanto amor
como pueda correr
por mis venas...

22/

Si no todo aquél
que besa,
realmente ama,
y no todo aquél
que te piensa
es porque te extraña...

¿Porqué te pienso
y tiemblo
y eres espejismo
en mis silencios,
cuándo fuiste sombra
en el desierto?

Mentiras de agua
y un mar de lágrimas
por un sólo un antojo...

¡Un beso!

23/

Para no ser olvido,
elegí este camino
al que estoy agradecido,
pues es un alivio
versar al amor
atrapando suspiros,
vestida la palabra
de ilusión y cariño.

Por ello,
ni la oscuridad del mundo
podrá apagar la llama
de un amor escrito,
con "un do" sostenido
hasta el infinito.

24/

Seamos energía,
bondad, pasión
y agradecimiento

Vivamos en positivo
atrayendo lo bueno,
apartando el enojo,
la envidia y el miedo

Juntos,
motivando sonrisas
a tristes y ciegos,
a todo aquél
que sea bueno

Y restando orgullo
a soberbias y egos,
demos gracias
por lo que tenemos...

25/

No quiero
una mujer
por sirvienta,
ni tampoco
ser escudero
de ella.

Busco
una compañera,
un destino,
una meta;
una mujer
cuya nobleza
fortalezca la mía
y viceversa...

Que su luz
sea paz
en mi vida,
y su simpatía,
la curva
que aún tardía,
invite a fraguar
en poesía
latidos y risas.

26/

Fluye,
no te estanques,
el pasado
es memoria
y el futuro
un viaje.

Liberate
de la pena,
no pienses
en lo viejo
y abre puertas
a lo nuevo.

No te aferres
a nadie,
somos todos
pasajeros
en este viaje
efímero
en el tiempo.

Y florece,
muestra al mundo
toda la belleza
que nace en tí.

Andrés Calles Velasco

27/

Hay días
en que viajar
al recuerdo,
buscando
palabras
de aliento,
nobleza
en el gesto,
o el instante
en que oías
un te quiero...

¡Es prioridad!

Porque...

Fácil es soñar
y difícil luchar
por el sueño;
fácil es llorar
y difícil lograr
que un poema,
de vida al verso
y voz al silencio.

28/

Vivan las risas,
las carcajadas,
y todo lo que
nace del alma
para alegrarnos el día
en pocas palabras.

Vivan los que ofrecen
sonrisas guardadas,
y con su actitud
motivan a imitarlas.

Y viva la poesía,
que aclara la mirada
bajo un manto
de estrellas blancas.

¡Esperanza le llaman!

29/

Si un abrazo
es sincero,
no necesita
un te quiero,
porque ese abrazo
conlleva un verso
que cubre la piel
y la forja en hierro,
llamando a la puerta
del sentimiento...

Y es que,
la amistad y el amor
contienen besos
que son silencios,
abrazos
que son secretos,
y momentos
que son recuerdo...

30/

Es cierto
que nacimos
para morir,
pero cuando
alguien parte
de aquí,
abrazamos
la esperanza
que desde el cielo
nos pueda oír...

Para ello,
guardamos sonrisas,
cariño y respeto
en el recuerdo,
para que aún
separados
y distantes,
estemos juntos
y cercanos
en la memoria
para siempre.

31/

Si te quiere
será tu nombre
en los sueños
envidia del eco,
será tu piel
destino de poemas
y caricias en verso...

Y dado que
el amor es infinito,
será luz en tu alma
cuando abandone
el cuerpo,
será rima de estrellas,
constelación en el Cielo.

Si te quiere...

¡Cruza los dedos!

32/

En el amor,
el número uno
es el más solitario,
el dos el más mimoso,
y el tres ni lo pienses...

¡Ya es mucha gente
y el cariño se pierde!

Y es que...

El amor es poesía,
si la cifra elegida
son cuatro brazos
y dos almas que brillan,
más allá de la muerte,
más allá de la vida...

33/

Locos y genios:

Si Bennedetti murió,
Isaac Newton
fue tachado de loco,
y hoy la poesía
se versa en soledad
entre notas de tristeza,
sorbos de café
y dosis de recuerdos
que sólo riman
con el abandono...

¿Quién aportará
esperanza al amor
e ilusión al cariño,
para que no caigan
en el olvido?

34/

Que bonito
que te digan
la felicidad
que aportas
a sus vidas,
el cariño
que te tienen,
o lo que sienten
al leerte...

Que bonito
que te quieran,
sin ver al amigo
ni hacer algoritmos
que resten cariño,
al abrazo compartido
a través de un poema,
una sonrisa o un guiño...

¡Qué bonito!

35/

Cobíjame
en tus brazos,
dime mimos
al oído,
que el poema
no es muy largo
y hoy te necesito.

Dame tiempo
que engalane
la palabra
con latidos,
y la piel prepare
para estar contigo.

Juntos,
al compás
del tintineo
de campanas,
deshojando
margaritas
con el corazón
envuelto en llamas.

Andrés Calles Velasco

36/

De que sirve
ser romántico,
si eso pertenece
al pasado.

De que sirve
sentir tanto,
si somos
invisibles
con los años.

No busquen
algo bello,
sino más bien
algo sincero,
un poema
en la mañana,
y entre verso
y beso...

¡Un te quiero!

Que la vida
son dos días
y atrás quedó
el primero...

Andrés Calles Velasco

37/

Surge un poema
en medio del llanto,
un canto alegre
que entonan
los pájaros

Mientras que
letras y cenizas
combaten la ira,
rosas con espinas
hallan la rima
en una sonrisa

Y es que
somos agua,
humanidad
en cada lágrima,
cuándo el amor
nos abraza
en su bello canto
a la esperanza.

38/

Amor infinito:

Ojalá pudiera
engañar al tiempo
cuando te miro,
pararme en tus ojos
y robarte un suspiro.

Saltar a tu pelo,
hacerme chiquito;
dejar que el viento
eleve su hechizo,
y me lleve hasta tí
sobre un arcoiris
de amor y cariño.

Y así,
poquito a poquito,
ir haciendo camino...

39/

A veces oigo
que tu voz
rompe el silencio
y me dice ven.

A veces me veo
llegando a tu lado
dispuesto a querer.

Luego me pregunto
si habrá amor después,
agotados los suspiros,
calmada la piel.

Pues,
corto es el tiempo
y tan dulce tu miel...

Y el poema termina...
¡Lo has de entender!

40/

Mi media naranja:

La que baila conmigo
y extingue la gana,
al compás del ritmo
que pide la palabra.

Entre gotas de lluvia
e instantes de magia
que colorean el alma,
notas que cuelgan
de un pentagrama,
y rimas que hablan
lo que la boca calla.

Mi media naranja...

¡Poesía la llaman!

41/

En el vértice
de un verso
pude reír,
soñar que
hacía camino
junto a una amiga...

¡La poesía!

Pues no hallé
mejor forma
de bailar la rima,
que en su compañía.

A ella me entrego,
soy parte del juego,
y prisionero espero
que broten del pecho
esas dos palabras
que dicen...

¡Te quiero!

42/

¿Que hacer
si la tristeza
roba la paz
del alma,
y las lágrimas
ganan batallas
a la palabra
sangrando
el recuerdo?

¿Que hacer
si la alegría
contenida
en un beso
quedó lejos?

Pues,
regalarte
un abrazo,
dos deseos,
sonreír
de nuevo,
y con brillo
en los ojos...

Decir...
¡Adelante guerrero!

43/

Para no sufrir
por estar solos,
para no latir
de cualquier
modo,
comencemos
el verso
con este amor
al revés...

Tú dime adiós,
pero quédate
para siempre.

Llena mi mar
de versos,
que yo llenaré
tu océano
de poemas
y besos
marineros,
en un ritual
entre la piel
y el deseo.

44/

Generación de acero...

La que sin estudios
educó a sus hijos,
y sin tener casi nada,
nunca permitió
que faltara el pan
en casa...

La que inculcó
el valor del respeto,
y no se sintió frustrada
por no tener lujos...

La que trabajó
desde chiquita
para vivir con dignidad
y sin miedo...

Generación de acero...
¡Los abuelos!

Andrés Calles Velasco

45/

Dices que
en tus labios
hay besos,
que en tu boca
hay suspiros;
que en tí
el amor
ha prendido...

¿No será
el recuerdo
de algún verso
atrevido,
que llegó
para robarte
el sentido
y arrojarte
a unos brazos
impíos?

Yo no miento,
no soy de piedra,
no soy mezquino.

¡Soy letras y latidos!

46/

Si algún día
me pierdes
y me has
de buscar,
búscame
en la poesía...

¡No hay mejor lugar!

Hallarás rocío
en las palabras
y vergüenza
en cada silencio
que dejamos atrás.

Comprenderás,
que eres eso
que cuesta
dejar de querer,
porque sin saberlo
empecé a quererte
sin querer...

Andrés Calles Velasco

47/

Si la casualidad
nos hace hermanos,
el corazón
nos hace amigos

Por ello,
no confundamos
amor con cariño,
que es lo que
ofrece un amigo

Pues,
en una escala
del uno al cinco,
el amor queda fuera
y dentro el cariño,
que es la llave
que abre la puerta
de la amistad
y le da sentido.

48/

¡Vaya zozobra!

El lunes me nombras,
el martes me niegas,
el miércoles me besas
y el jueves te alejas...

Y así,
nada es seguro,
todo es posible
y surge la duda.

¿Será que
el viernes te veo?
¿O serán el sábado
y el domingo
los días que empleo,
para extraer a besos
el jugo del verso?

Andrés Calles Velasco

49/

A mi hija:

No te quiero princesa,
te quiero valiente.
No te quiero sumisa,
te quiero libre.
No te quiero débil,
te quiero fuerte.
No te quiero triste,
te quiero feliz.

Que todos lo sepan:

No te quiero callada,
te quiero sin sombra,
digna y entera...

¡Te quiero dama,
te quiero reina!

50/

Dado que
la amabilidad
es un acto de amor
que se demuestra
en el trato
hacia los demás,
lancemos por la borda
un último intento,
y comprobemos
si flotamos
o nos hundimos.

Seamos agradecidos,
más humanos,
más sentidos,
vamos a bordo
del mismo barco...

¡No dejemos hundirlo!

51/

Entre
instantes de vida
y sorbos de café,
se inspira el poeta
cada atardecer...

Lápiz en mano,
en espera la piel;
la muerte es vida
si te quieren bien.

Porque,
igual que hay
amores mortales
por sus temores
e inmortales
por sus deseos,
hay amores
que son presente
en el Cielo.

52/

Nadie
es perfecto
hasta el día
de su muerte,
en que todos
alabarán
la gran persona,
el buen amigo,
su fino tacto
o cruel destino.

Pero...

¿Porqué
no lo dicen
cuando está vivo,
porqué no ven
ese ser tan divino?

¡Que ironía
no ser nadie
en vida!

¿Será que
nos ciega
la envidia?

Andrés Calles Velasco

53/

Me gustan los abrazos
a través de la pantalla,
esos que sin pedirlos
dicen aquí estoy...

¡Vamos levanta!

Me gusta la alborada,
la luna y el sol;
la gente que habla
con el corazón.

Me gusta la amistad
aunque sea virtual
por el cariño que da,
pues en cada sonrisa
hallo un poco de paz.

54/

A media luz,
entre susurros
de fuego amigo
y suspiros en verso
que he escrito,
disparo sentimientos
que en mí han nacido.

Poemas con cariño
a latidos chiquitos,
y abrazos con estilo
y muy poco ruido,
que mueven el agua
de viejos molinos,
y llenan corazones
de ilusión,
amor y delirio...

55/

Nunca dejo
de enamorarme,
de crear sueños,
de perseguir deseos
y brindar sentimiento.

Pues
en cada lágrima
hallo un verso,
en cada gota de lluvia
un trozo de cielo,
y en cada poema
un halo de misterio
que en resignada
carencia,
aguarda la peregrina
huella de un beso.

56/

Cierra los ojos
y déjate llevar
por el eco
de un instante
de felicidad,
por el sueño
de un poeta
que no pudo
alcanzar,
ni la rima
del viento,
ni la paz
del silencio...

Se perdió
en el verbo,
buscando
las letras
necesarias
que señalan
la ruta
de tu nombre
y dan vida
al verso.

57/

Hay quien ve
en la poesía
un jardín,
y quien halla
un desierto.

Ignoran que
en cada poema,
hay una estrella
que frena el tiempo,
y libera la rima
de la cárcel
del sentimiento...

Que con cada verso
se inicia algo nuevo,
que despierta la piel
ante un abanico
de suspiros y sueños.

58/

El amor
es semilla
de fuertes
tormentas,
con días
para que rías,
y noches
para que sientas.

Con finales
que cuentan
historias,
y principios
que según
empiezan,
se borran...

Y alimentan
poemas
en cuyas letras
hay sombras
de amor,
que hablan
del corazón
y lo honran.

59/

Mujer,
no escondas
tus arrugas,
no sientas
vergüenza,
disfruta tu edad,
tu talento,
que los años
son sabiduría
para no creer
en cuentos.

El sol,
al igual
que el viento,
hacen liviano
el camino
aún yendo
más lento.

Por ello,
no hagas
caso al espejo...

Y vive...
¡No pierdas el tiempo!

60/

Tras cicatrices
que son silencios,
poemas ungidos
en sentimiento,
y canciones
que son recuerdo...

Te ocultas tú,
epicentro del deseo,
con tus besos
bajo notas de guitarra
y encajes de cuero.

Eres primavera,
latido sin freno,
eres el oxígeno
que da vida al verso...

¡Y por eso te quiero!

61/

¡Cómo no amarte!

Si amo
tus manos,
amo
tu invierno,
te amo
en presente,
en pasado
y adverbio;
te amo
en el verbo
y en todos
sus tiempos.

Aunque quizá
todo el amor
que me quede
por darte,
sean los restos
que dejaste
tras la pausa
de las comas
y de aquel
punto y aparte.

Andrés Calles Velasco

62/

Mientras
unos amores
se quedan,
otros se van;
los hay también
que no ruedan,
sino es
marcha atrás.

Si pudo
y no quiso,
luego que no
venga a llorar.

Pues
quién se aleja
no debe
preguntar jamás,
por el lugar
de donde vienes,
ni tampoco
a donde vas.

¡Eso se llama libertad!

Andrés Calles Velasco

63/

Como hoja
movida
por el viento,
en un huracán
de silencios
que no tienen
final,
me aferro
a rimas y sueños
en precipicios
de cristal...

Tantas
las ilusiones
vienen y van,
y es tan poco
el valor que me das,
que mi corazón
ha decidido
no conjugar más,
el futuro del verbo
amar.

64/

De tanto escribir
sangran mis dedos,
de tanto sentir
hablan los versos.

Y es que,
mientras haya
luz en el infierno
y sombras en la tierra,
que hagan del amor
una incógnita
y del cielo un averno...

Habrá poetas
que cultiven
latidos y rimas,
entre los pliegues
del tiempo.

65/

A tu lado:

Para cuando
en tu corazón muera
y sea tiempo pasado,
te ofrezco un poema
y te brindo un abrazo...

Te dejo un beso
que tengo guardado,
en honor a los años
que juntos pasamos.

Así, tal vez
con poesía de antaño
y los ojos nublados,
sepas que el amor
se hizo verbo
estando a tu lado.

66/

Dime cobarde
por no decir
lo que siento,
por escribir poemas
por si acaso te veo...

Ya superé
el odio del tiempo,
y conquisté
estrofas y versos
en batallas
de amor y respeto...

Por eso
sé que te quiero,
pues la poesía
es el idioma
que aprendió
mi corazón,
para hablarte
con los dedos.

67/

Si yo fuera rey
y tú mi reina,
coronaría de amor
tanta belleza.

Así, siendo
más amables
y menos odiosos,
nos encontraríamos
el uno con el otro,
entre poemas,
paseos de otoño,
cafés en la mañana
y pasión en los ojos.

Verían la luz
sueños rotos,
latidos secretos
y besos sonoros.

68/

Si tú me amaras
como yo te amo,
sabrías que
siempre es nada
y que un abrazo
es poco...

Sabrías
que la sonrisa
sana la herida,
y que el silencio
en el que reposa
la palabra,
es la esencia
del sentimiento
que fluye en poesía
y desborda el alma.

69/

Guardo suspiros
por si hacen falta,
también abrazos
por si te marchas.

Guardo recuerdos
entre las sábanas
y algunos besos
que me acompañan.

Supero duelos
tras frágiles guerras
de sentimiento,
pues lo cierto
es que siendo
yo un ingenuo,
y tú sin merecerlo...

Pero aún así...
¡Te quiero!

70/

Con unas gotas
de leche y miel,
endulzo poemas
ante un café.

Corazón en mano,
el pulso en la piel,
la poesía es vida
si te quieren bien.

Y es que
el amor puro
nunca envejece,
tiene futuro,
vive en presente.

Y aunque se aleje,
se hace recuerdo
que va y viene...

¡Y siempre se siente!

Andrés Calles Velasco

71/

Ya nada importa
si no te toco,
si cuando
cierro los ojos
es cuando te veo.

Ya nada importa
si no te beso,
si de todos modos
te siento en silencio.

Y nada importa,
porque el amor
va más lejos...

Tan lejos como
llegan los sueños...

72/

De repente,
miras al espejo
y te das cuenta
que has cambiado,
no eres el mismo,
la juventud marchó
con los años.

Pero sabes,
que las arrugas
son lo mejor
que te ha pasado,
son huellas de vida,
fruto del cambio.

Afortunado tú
que puedes contarlo,
pues hubo muchos
que no lo lograron.

Andrés Calles Velasco

73/

Dicen
que soy pasado,
que no me leen,
que estoy contra
las cuerdas.

¡Tal vez exageran!

Pues sabiendo
que en la poesía
no hay magia blanca,
ni magia negra,
sino rimas y letras
que cruzan fronteras...

Respondo:

No seré pasado,
mientras un poema
evoque suspiros
o sonrisas abiertas.

74/

Nunca quise
verte llorar,
sino hacerte reír;
nunca quise
verte soñar,
sino hacerte sentir.

Porque
todo es posible
cuando el verso
rompe el silencio,
y con una sonrisa
me das un beso
que estremece
todo mi cuerpo.

De ahí
nace un poema;
sin hipérboles
y con un sólo nexo...

¡El amor!

75/

Nacen versos
en mis manos
con recuerdos
del pasado.

Pero
mueren necios,
tras ganarlos
sin haberlos
conquistado.

¡Así despierto!

Huyendo de besos
robados al cielo
y de poemas
vacíos de sueños,
que aumentan
el miedo que tengo,
a sentir de nuevo
el corazón latiendo
fuera del verso.

76/

La poesía
va muy lejos,
tan lejos,
que hasta
por caminos
estrechos
nos lleva
al pasado,
al recuerdo.

Sólo ella
tiene el privilegio
de hacernos
retroceder
en el tiempo,
para volver
a sentir de nuevo.

Con anáforas,
epítetos,
metáforas
e hipérboles,
que aportan color
y lucen el verso.

Andrés Calles Velasco

77/

Hay poemas con arte
y poemas callados;
hay rimas con detalle
y silencios pausados.

Hay versos dictados
con un mismo diálogo,
tan tiernos, tan sanos,
que solo los ángeles
podrían superarlos...

Y es que,
cuando la poesía
conecta con el alma,
se anima el corazón
y el paso se alarga.

78/

Cuando
mis ojos
se cierren
y me reciba
la muerte,
mi corazón
seguirá
latiendo poesía,
incluso ausente.

Porque
lo narrado
en los versos,
da vida y cuerpo
a un mismo sueño...

Ser recordado
en los anales
del tiempo,
entre suspiros
de corazones
inquietos,
cuando les llegue
el invierno.

Andrés Calles Velasco

79/

Yo sólo sé amar
desde el verso,
en esa lectura
que va más allá
de los sueños
y no se pervierte
ante un beso.

En la rima,
cuyo secreto
balancea
conjunciones
y nexos,
entre suspiros
de novato
y bostezos
del necio...

Pura poesía
en los balcones
del tiempo.

Tú asómate...
¡Aquí te espero!

80/

Sé que
tras el miedo,
se oculta
el deseo
de gritar
al viento
que mi corazón
te extraña.

Y es que
el amor
es recuerdo
que irrumpe
en el tiempo,
con ofrendas
de caricias
y besos.

Lágrimas
que sobreviven
en el verso,
entre rimas
que bendicen
el sentimiento.

El mío, el tuyo...
¡El nuestro!

81/

La poesía
es el arte
que moldea
los sueños,
con aromas
de paseos
por jardines
de rosas
y crisantemos.

Es la lectura
que reviste
los bordes
del tiempo,
y envuelve
la piel
con romances
en rimas
y verbos
que huyen
del sexo.

Es agua pura,
un suspiro
cuya ternura
es la clave
del verso.

82/

Aprendí
a quererte
despacito,
a beber
de tu piel,
a disfrutar
de tus besos
que me saben
tan bien.

Me perdí
en tu sonrisa,
entre el pelo
también;
y me hallé
en un poema
con tan lindo
querer.

Por eso,
llámame cielo
y a la vez
mimame,
que este amor
que nos une
siempre
puede crecer.

Andrés Calles Velasco

83/

Huyo
de grandes
amores
y de amores
pasados.

Huyo
de la gente
que se pierde
con el paso
de los años.

Busco
a quién me lee
renglón a renglón,
porque siente
la poesía
igual que yo.

Y me quedo,
con los ojos
que miran
desde el corazón,
porque
pensándolo bien...

Poesía...
¡Somos tú y yo!

84/

La edad,
no son las canas
ni son las arrugas,
no son las estrías
ni es el modo de vida.

No son los años
ni son los kilos,
sino el cariño
que hemos perdido
de la gente
que nos quería.

Y volver a gozar
de esa inocencia
que tuvimos algún día,
es la mejor forma
de amar y vivir la vida.

85/

Veo que te acercas
y me quedo sin aliento,
tengo miedo que suceda
lo que acaba sucediendo.

Tiemblo y suspiro
al mismo tiempo,
voy derechito al infierno...

Porque...
¿Qué es un beso
sino el mismo Cielo?

Y si obtenerlo
es condenarme al averno...
Deja que sean tus labios
el mensajero...

86/

Me gusta tu risa,
me gusta tu boca,
me gusta ser verso
que de amor explota.

Me gusta tu abrazo
que no es otra cosa,
que el calor de tu alma,
luz en mi alcoba...

Y quedan tus besos
en poesías de moda,
vistiendo adjetivos
que siempre te honran.

Así vivo y siento,
que no es poca cosa.

87/

Soy como soy,
mas no un antojo,
pues sé del dolor
de vivir entre abrojos.

Más que letra,
soy pócima,
verso que llega,
luz en tu alma
y a la vez quimera;
soy lo que piensas
y en tu cabeza
da vueltas.

¡Un romántico
aprendiz de poeta!

¡Y que pena!

Porque eso...

¡Eso hoy
ya no interesa!

88/

Sé que te quiero,
pero no la razón,
sólo sé que en mi sueño
llevas tú el timón.

Mas si despierto
y el barco se hundió,
en verso te digo:

Allá tú contigo,
con tu decisión,
te dejo mi arte,
medio latido
de mi corazón,
una luna
en tu ventana,
mi alma y mi religión...

Cuatro letras: AMOR

89/

Sin ti...

Sin ti
no hay nada,
ni poesía,
ni besos
en la mañana.

Sin ti
no hay tierra,
no hay cielo,
no hay agua;
sólo un secreto
que junto al verbo,
clama tu nombre
y da vida al verso.

Amor
en pasado,
en presente,
y en todos
los tiempos.

Sin ti...

"Quizás"
no sea adverbio.

Andrés Calles Velasco

90/

¡Alto!
¡Esto es un atraco!
¡Arriba las manos!

Dame tu amor,
tu corazón, tu vida,
y también tus caricias.

Que yo haré
poemas a medida,
con besos
en cada rima
y abrazos
entre las sílabas.

Así el amor
será el emblema
de mis poesías,
y no la utopía
del sentimiento
que me habita.

Andrés Calles Velasco

91/

En mis poemas
persigo sueños,
regalo cantos,
dedico versos,
ofrezco abrazos...

Porque después
de tantas lunas,
historias
y desengaños,
sólo me queda
la poesía
para llegar
hasta sus labios.

Y soñar
con un mundo
imaginario
donde el amor
siempre es presente,
y no un recuerdo
del pasado...

92/

A veces,
cuando menos
lo imaginas,
alguien llega
y te saca
una sonrisa
sorteando
las espinas.

Y le miras,
la razón
se excita
y se desnuda
en poesía.

Y suspiras,
te consuelas
y recuerdas
que respiras,
que algo
en tí palpita...

Es tu corazón
que en coma latía...

¡Pero no lo sabías!

93/

Búscame
en un poema
o en la letra
de una canción,
búscame
cuando quieras
saber
de mi rendición.

Yo te estaré
esperando
sin importar
la estación,
da igual
si es primavera
o si el otoño llegó.

Búscame
si hace frío
o si el amor
te falló,
búscame
en las cenizas,
que mi alma no ardió.

94/

Me acerco
a tu alma
cuando
me abrazas,
y en el fervor
de la mirada
obviamos
la palabra,
dando voz
a sentimientos
que nos atan.

Y es que...

¿Acaso
somos luz,
somos fuego,
somos agua,
o somos sólo
llama de vela
que el tiempo
apaga?

¡Da igual!

Tú eres mi tesoro
y yo soy tu pirata.

95/

Aprendí

a quererte despacito
de este modo tan cruel,
con suspiros y poemas
que buscan tu piel.

Me quedé
en tu sonrisa,
en su tierna calidez,
en el abrazo del verso
que no llegaste
a entender.

Tú
llévame al cielo
y después suéltame,
que no seré
yo quien diga
de este agua
no beberé.

96/

Déjame
acurrucarme
en tu pecho
en espera
de un beso.

Déjame
nombrarte
en un lienzo,
y no para
llamarte
princesa,
sino
compañera.

Déjame
que detenga
el tiempo,
y sea la piel
en silencio
la que despierte
al verbo,
nos robe
el aliento,
y un suspiro
de amor
de vida al verso.

¡Déjame!

97/

Me llaman loco
por poetizar el amor
y poner ritmo
al tono de su voz.

¡Y tal vez
tengan razón!

Pero,
la felicidad
que siento
y la claridad
que observo
en el Cielo
vive en el verso.

Y si por ello
me tachan
de loco,
seré ese loco
que inunda
sus ojos,
con un sentimiento
tan hermoso.

Andrés Calles Velasco

98/

Hoy podría
contarte
mi secreto
y decirte
que en el verso
un te quiero
da vida al verbo.

Que es faro
en la tormenta,
lluvia
en el desierto,
es vida
en el corazón
a flechazo
de arquero.

Es el recuerdo
de aquel beso,
que quedó preso
en la memoria
del tiempo...

Y ese...
¡Ese es mi secreto!

99/

Si vieran como sonrío
cuando escribo,
me tacharían de loco...

Y aunque cierto es
que lo estoy un poco...

Confieso que es sobre todo,
por la poesía
que me ofrece buen rollo.

Por ello,
llámenme loco,
pero déjenme
escribir a mi modo
letras, sombras
y gozos...

¡Latidos hermosos!

100/

No hallo
el momento
para decir
lo que siento.

¡Y eso que me empeño!

Es algo
tan sencillo
tan sincero;
solo ocho letras
para decir
"te quiero"

Con lo tierno
con lo Io intenso,
por el cariño
en blanco y negro,
y por el fuego
que siento
cuando te veo,
que fluye en poesía
en mi pensamiento.

Andrés Calles Velasco

...FIN...

Printed in Great Britain
by Amazon

23049932R00064